# GEDICHTE AUS'M LEBEN

## VON DER NACHTIGALL AUF'M ZAUNPFAHL

## JÖRG SADRINA

D1673056

FSC
www.fsc.org
MIX
Papier aus ver-
antwortungsvollen
Quellen
Paper from
responsible sources
FSC® C105338

© 2024 Jörg Sadrina

Autor: Jörg Sadrina
Covergestaltung: Nathalie Geiger
Coverzeichnung: Kirsten Himmelmann
Buchsatz: Nathalie Geiger, www.nathaliegeiger.de
Korrektorat: KorrA – Kerstin Thieme
Grafiken: Adobe Illustrator
Bilder S. 11, 30, 45, 59, 63, 77, 81, 93: iStock.com
Bild S. 19: Adobe Stock

Herstellung und Verlag: BoD – Books on Demand, Norderstedt
ISBN: 978-3-759712-01-1

Bibliografische Information der Deutschen Nationalbibliothek:
Die Deutsche Nationalbibliothek verzeichnet diese Publikation in der Deutschen Nationalbibliografie; detaillierte bibliografische Daten sind im Internet über http://dnb.d-nb.de abrufbar.

# GEDICHTE AUS'M LEBEN

## VON DER NACHTIGALL AUF'M ZAUNPFAHL

## JÖRG SADRINA

# DANKSAGUNG

Die Inspiration, die Muse zu nutzen und meine Gedichte zu veröffentlichen, gab mir meine liebe Freundin Kirsten Himmelmann. Sie ist u. a. Mentorin für Aurachirurgie. Wir haben zusammengesessen und den Gedanken geboren, ein Buch über Aurachirurgie in Gedichtform zu schreiben.

So ist das 1. Buch **„Gedankenlos" – Nie mehr denken, Barrieren senken** entstanden.

Ein magisches Werk! Die Magie lauert schon ab der ersten Zeile! Vorsicht! Es kann Dein Leben verändern! Durch die Magie der energetischen Aufladung wird schon beim ersten Aufschlagen dieses Buches und beim Lesen der Gedichte Dein ganzes Körpersystem aktiviert. Spüre die Magie der Gedichte!

Kontakt:
Kirsten Himmelmann
Autorin und Mentorin für Aurachirurgie und Bewusstseinsveränderung
kirsten.himmelmann@gmx.de

# Inhalt

# Vorwort

Schon früh in meiner Kindheit habe ich gespürt, dass ich anders bin als die meisten meiner Mitmenschen. Meine Eltern und Verwandten waren stets bemüht, den Regeln der Matrix gerecht zu werden. Ich habe schon immer nach dem Sinn der zahlreichen Anordnungen Ausschau gehalten. Mit jungen 62 Jahren jetzt habe ich die eine oder andere Vermutung oder Erklärung für den Sinn.

Hätte ich damals schon gewusst, dass dies alles so sein sollte, hätte ich zu keiner Zeit an mir selbst gezweifelt. Ich war schon immer ein „Spätzünder". Wäre in den 1970ern schon „Harry Potter" veröffentlicht worden, hätte ich viel Zeit gespart. Willkommen in der „Muggel-Welt".

Das 1. Gedicht „Erbschleicher" beruht auf meiner eigenen Erfahrung innerhalb der Familie. Ich habe erkannt, dass ich von nun an mit allen Situationen umgehen und sie verarbeiten kann, wenn ich die Dinge in einem Gedicht unterbringe und verständlich vereinfache. Dieses 2. Buch verarbeitet die Erfahrungen meines Lebens. Hier können sich sicherlich viele mit identifizieren.

Viel Schmunzel-Spaß beim Lesen der 62 Gedichte vom 1962 geborenen Dichter, der jetzt 62 Jahre jung geworden ist.
Deswegen kostet das Buch 19,62 €. (Sind ca. 32 Cent pro Gedicht)

1962

# ERBSCHLEICHER

Ein nicht zu unterschätzendes Verderben,
nachdem ein Mensch musste versterben,
ist oft die Spur vom Erberlasser,
die zäh wie Blut fließt,
nicht dünn wie Wasser.
Was ich zu Lebzeiten gedacht,
wird nach dem Leben dann vermacht.
Dann geht's nicht zu mit rechten Dingen,
mag's für den Einzelnen auch so klingen.
Nein, dann geht es los, das Ringen.

Blut ist dicker als Wasser,
so dachte sich der Erberlasser
und stellte seine Weichen
für das blutrünstige Erschleichen,
des Nachlasses durch seinesgleichen.
Beendet wird das Erberschleichen,
das Karma stellt jetzt seine Weichen,
durch ein Gericht.
Ab jetzt zeigt jeder sein Gesicht.
Wohl dem, dem nicht der Spiegel bricht

# Die Inspiration zu schreiben

Eigentlich versteh ich nicht,
warum ich schreib jetzt dies Gedicht.
Denn was ich damit sagen will,
vielleicht ist's besser, blieb ich still.

Dass ich es früher nie mochte, das Schreiben,
im Grunde gesagt, konnt ich's nicht leiden.
Doch mittlerweile kann ich sagen,
ich verspüre Wohlbehagen,

freue mich auf die nächste Geistes-Gischt,
die manchmal eiskalt mich erwischt,

was dann passiert:

Gedicht kreiert!

# Vom Leben und Geben

Des Menschen Glück, des Menschen Leid
erzeugt in anderen oft Neid.
Oder auch Mitgefühl fürs Leiden.

Ehrlich davon ist nur das Neiden.

Was Dir Dein Schicksal gibt im Leben,
ist das, was Du Dir hast gegeben.
Deine Visionen und die Gedanken,
schnell gesund werden nach dem Erkranken.

Die Visionen haben keine Schranken.

Das höchste Gut jedoch im Leben,
ist lieben Menschen was zu geben.
Gib ihnen Liebe, gib ihnen Halt,
dann geht es Dir auch besser bald.

Sei für sie da, wenn's nötig ist.
Sei dann für sie der Optimist.

Das Schicksal eines jeden Leben,
ergibt sich aus dem Nehmen und Geben.
Hier kannst Du Dich nur selbst betrügen,
Dein Schicksal kennt all Deine Lügen.

Und warst Du oft für andere da,
dann ist Dein Leben wunderbar.
Egal ob Sonne oder Regen,
Dein Schicksal wird's Dir wiedergeben.

J.S.
(inspiriert durch meine liebste Sylvie; sie ist
immer für mich und andere da)

# Kommunikation über das Schreiben und andere Optionen

Des einen Freud, des andren Leiden
ist die Kommunikation über das Schreiben,
beherrsche es, sonst lass es bleiben
... und such die bessere Option.

Ich komme noch aus einer Zeit,
in der ein jeder war bereit,
Auge um Auge dort zu stehen
ins Antlitz dem Problem zu sehen.

Natürlich ist es leicht zu sagen,
oder leichter war's, ganz ohne Fragen,
ein Smartphone oder all die technischen Plagen,
... noch nicht zu haben.

Zahn um Zahn, ojemine
... Die Antwort tat schon manchmal weh.
Warst Du andrer Meinung und nicht clever jetzt,
hat der andere Dich verletzt.
Seelisch oder körperlich, das war beschwerlich,
... aber ehrlich.

Danach kam diese Zeit,
wo kaum noch jemand war bereit,
bei einem Treff mal zu reden,
um die Unstimmigkeiten eines jeden
... besser aufzulösen,
... denn nicht immer sind die andren auch die Bösen.

Also Schulze, Müller, Meier
... hierfür brauchst Du Eier.
Doch die meisten wählten als bessere Option
für ihre Kommunikation,
... das TELEFON.

Brauch ich Dir nicht ins Auge sehn
oder Du in meines ...
„Schau mir nicht ins Auge, Kleines."

Da kannst nicht sehen, wie drauf ich bin,
ob ich ehrlich oder nur spinn.
Ob ich alleine zu Hause sitze
oder vor Nervosität nur schwitze.

Bevor ich mich muss aufregen,
... ja, da kann ich ja schnell auflegen.

Die Krönung jetzt in dieser Zeit.
Nur wenn's mir passt, bin ich bereit,
mich mit Dir zu beschäftigen,
denn eins muss ich bekräftigen:
Die Freunde sind all in meinem Messenger,
nerv mich nicht ab,
sonst bist nur Passenger.
Ich blockiere Dich und jeden
... und das für immer,
... aus meinem Leben.
Selbst der Anruf als Kommunikation,
klingt für viele schon als Hohn,

... oder als asoziales Verhalten,
... na, ich bleib lieber beim Alten.

Doch nun zum Schreiben,
... so scheint es die einzige Option zu bleiben,
zu kommunizieren, wann immer es Dir passt,
und nicht zu sprechen,
... was Du ja hasst.

Denkst Dir: Missverständnisse gibt es nie,
... denn ich nutze ja das Emoji.

Meine Erfahrung ist
und niemand ist davor gefeit:

**„Schreiben verdeutlicht eindeutig ...
die Zweideutigkeit."**

# Mann und Frau

Der Unterschied zwischen dem Manne
und der Frau,
den kennt ein jeder schon genau.

Wenn wir den Körper meinen,
verspürt der Mann oft große Lust,
durch die Gegebenheiten zwischen
seinen Beinen,
bei der Frau ist's oft die Brust,
... auf die der Manne schaut bewusst.

Drum wird diese gern ins Rampenlicht gesetzt,
damit der Manne danach lechzt.

Doch wie bei vielen Dingen gibt es
hier und da auch manchmal schon,
die andere Interpretation ...

und zwar die der Frau

... und hier liegt nun der Unterschied, genau.

Starrt der Manne zu sehr auf den Busen,
dann kriegt er's mit bösen Blicken quittiert

... und nix ist mit Schmusen.

Mein lieber Mann, hast Du's noch
immer nicht kapiert:

Die Frau ist die, die dirigiert.

# Liebe Nachbarn wählen

Fast alles kann man sich erspar'n,
trotzdem hat jeder Mensch auch Nachbarn.
Mal sind sie näher, mal in der Ferne,
mal sind sie bescheiden, mal Möchtegerne.

Doch das, was Nachbarn täglich machen,
ist in der Regel oft zum Lachen,
wenn die so ihre Dinge tun ...

Grillen, Saufen ... Fleischkonsum.
Was soll's, wenn's denen doch gefällt.

... Willkommen in der Muggelwelt.

Manche sind aber sehr hilfsbereit,
andere versessen und voller Neid,
diejenigen, die stets im Suff versumpfen,
wollen die anderen übertrumpfen.

Wollen nur Aufmerksamkeit erhaschen,
sind launisch, laut ...

... und oft die größten Flaschen.

Doch nützt es nichts, jetzt nur zu fluchen,
die Nachbarn selbst kannst Du nicht aussuchen.

Doch die Entscheidung ist bei Dir geblieben,
von den Nachbarn,

... wähle nur die lieben!

Die anderen lass in Frieden

... oder links liegen!

# ANSICHTSKARTEN

Der eine hat's vielleicht noch nicht erraten,
wofür sind eigentlich Ansichtskarten?
Heut hab ich WhatsApp und auch Instagram.
Wofür ist denn der alte Kram?

Doch zu meiner Zeit im letzten Jahrhundert
hätte man sich gar nicht so gewundert.

Die Lieben mussten schon lange warten ...
fuhr ich in Urlaub, gab es Ansichtskarten.
Doch nicht sofort,
denn wenn er weit weg war der Ort
und ich die Karte nicht gleich geschrieben,
das ist Fakt, nicht übertrieben,

dann kam ich zuerst zu Hause an.
Die Post mit meinen Karten später dann.

# GLÜCKWUNSCHKARTEN OHNE GELD

Der Grund für Glückwunschkarten ist ja nicht
wirklich schwer zu erraten.
Für verschiedene Anlässe wie Geburtstag,
Jugendweihe oder Konfirmation bekommt
die Tochter oder der Sohn z. B. ne
Glückwunschkarte mit Geld so als Lohn.
Oder als Belohnung, so kann man es sehen,
so werden es auch die meisten verstehen.

Egal, jedenfalls ist es ein Brauch
und das ist auch okay,
doch gibt es was, was ich nicht versteh
... und mir auch gar nicht so gefällt,
... manchmal bekommt man Glückwunschkarten
ganz ohne Geld.

Was das wohl soll?

... Verkehrte Welt!

# GENDERN ODER
# NIX VERÄNDERN

Ich bin in einem Alter,
was auch niemanden verwundert,

nicht aus dem 21ten,
nee, aus dem 20. Jahrhundert.
Sogar aus dem letzten Jahrtausend.
Vielleicht bin ich deswegen so aufbrausend.

Es gibt Dinge, die bereits erfunden sind
und haben sich bewährt.
Das Rad, das dreht sich ziemlich gut.
Ich denk nicht verkehrt.
Am Anfang lief's zwar eckiger als jetzt,
gar keine Frage.
Was jetzt schön rund läuft,
das war anfangs eine Plage.

Die deutsche Sprache ist der Anlass
dieses Gedichtes hier und jetzt,
nur wenige von diesen Zeilen sind
dadurch verletzt.

Allen Dichtern in Deutschland und
sonst wo noch auf dieser Welt,
die diese Sprache nutzen,
weil die ihnen so gefällt.
Die sehen keinen Sinn, das Gute zu verändern.
Die denken nicht im Traum daran zu gendern.

Stets sollte man seine Gedanken vorher ausloten.
Wer hat's erfunden?
... Verzeihen Sie mir.

Ich glaub ... das waren Idioten.

# VON DER NACHTIGALL AUF'M ZAUNPFAHL

Nachtigall, ick hör dir stampfen.
Das Trapsen war lang vor dem Mampfen.
Ungefähr, schon lange her.

Die Nachtigall, die auf dem Ast mal saß,
fiel runter, weil sie zu viel aß.
Beim Speisen fand sie niemals Maß.

Den Halt hat sie nicht mehr gefunden!
Und singen kann sie auch nicht mehr,
nun leckt sie ihre Wunden,
der Sturz ... ja, der war wahrlich schwer.

Der Zaunpfahl beendete den Fall,
ein leichtes Zwitschern beim harten Aufprall,
da war sie nun, die Nachtigall.

Von nun an kann sie:

... von dem pinken Zaunpfahl winken.
Nur nicht mehr singen,
... das wird ihr stinken.

Die Moral von der Geschicht:

Achte stets auf Dein Gewicht!

# STREBER UND NEHMER ODER GEBER?

Schon seit der Schulzeit her
erkennt ein jeder leicht und gar nicht schwer
den Streber und Nehmer ... und den Geber.

Wenn man zurückblickend so betrachtet
und diese Vorzeichen beachtet,
konnte man ganz früh schon recht gut spüren,
für wen sich öffneten die Türen.
Und selbstverständlich auch für was.
Denn so bahnt sich der Weg, sodass ...

derjenige, der alles hinterfragt und dabei
Neues selbst kreiert, dabei gern gibt,
der wird als Praktiker oft tituliert ...
und ist so ... Geber.

Doch was macht später wohl der Streber?

Der, der nichts gibt, nur nimmt, also der Nehmer,
andere manipuliert oder ausbremst,
evtl. sogar mit Kleber.

Der, der nichts kann, völlig talentfrei ist
und ohne jegliches Geschick ...

Ja, der geht in die Politik!

# Versöhnung

Guten Morgen, mein Hasilein,
heut hol ich dich wieder heim,
jetzt lassen wir das Streiten sein,
kann mal passieren, doch ist gemein der Schmerz,
der durchs Streiten dann entsteht,
wenn man sich, wie so oft, nur missversteht.
Zuhören ist manchmal eine Kunst,
doch die daraus entstehende Gunst
ist wertvoller als jedes Geld,
so entsteht die Liebe auf dieser Welt.

# Frutti di Mare

Die Frutti di Mare im Meer sind gar nicht gare.
Drum werd ich mir in den nächsten Wochen,
mal so 'nen Mantarochen kochen.

# Kaffeetasse justieren

Bei uns zu Hause ist es am Morgen Tradition,
ist die Frau aufgestanden, gibt's Kaffee schon.

Das mach ich gerne und auch die Liebste
findet es klasse,
... doch kommen wir nun zur Kaffeetasse.
Nur der richtige zugewiesene Platz ist wichtig
für meinen Schatz.
Henkel ausgerichtet gen Osten,
dann kann ich ihn viel schneller kosten und
auch nehmen,
denn eines musst Du doch verstehen,
will meinen Kaffee genießen und nicht erst
noch die Tasse drehen.
... Alles gehört auf seinen Posten.

Im Grunde ganz leicht zu kapieren:
Erst den Kaffee kochen, eingießen und servieren.
... Und ähm, ach ja ...
Tasse justieren!

# Dichtpause wegen Job

Nach dem letzten Job,
will gar nicht sagen,
das war'n Flopp.
Es war wie immer in der Angestellten-Welt,
was Du verdient hast, ich mein das Geld,
ist das, was Deinem Chef, nicht Dir gefällt.
... Meine Auszeit kam wie vorbestellt.

Ich startete so den Versuch, nutzte die Zeit
und schrieb ein Buch.
Zusammen mit Kirsten Himmelmann,
die mir den Stoff lieferte dann.
Also legte ich los und dichtete „Gedankenlos",
das Ergebnis: magisch – super – grandios!!!

Die Millionen stehen bereit, doch alles Gute
braucht seine Zeit.
Das zweite Buch schreib ich gerade,
doch fehlt auch manchmal Zeit ... wie schade.

Und was auch oft noch fehlt, ist nicht nur Zeit,
ist auch das Geld.
Also hab ich mir nen Job bestellt,
der gar nicht schlecht ist und mir sogar gefällt.
Hier könnt ich bis zur Rente bleiben
und nebenbei Gedichte schreiben.

In der Einarbeitungszeit im neuen Job,
da machte ich nen kurzen Stopp,
also ne Pause vom Dichten und Schreiben,
doch grad geht's weiter, lass es nicht bleiben.

Denn mein Gefühl verlässt mich nie
und das obwohl ich kein Genie,
oft juckt's mich nur im Knie
und manchmal ist es nur ein Keim ...

und fertig ist der nächste Reim.

# Dumme Fragen

Was mich erfüllt mit Unbehagen noch
und was es gibt zweifelsfrei doch,
... sind dumme Fragen.

Ich höre, wie die Leute sagen:
Es gibt gar keine dummen Fragen.
Diese Weisheit hier und an allen Orten,
... dumm sein könn'n nur Antworten,
diese teile ich auch nicht.
Ein jeder selbst ist ein Gericht.
Und offenbart stets sein Gesicht.
Sich so dem andren selbst serviert
und wenn er gar nichts mehr kapiert,
sind dumme Fragen schnell kreiert.

Und die Moral von der Geschicht
... und auf allen Wegen,

erst Hirn einschalten und überlegen,
... dann nervst Du nicht.

# Einkaufen

Im Leben hätt ich nie gedacht,
dass Einkaufen mir Freude macht.
Hat immer anderes gegeben,
was ich lieber wollt erleben.

Und jetzt mit 62 Jahren,
von der Weisheit überfahren,
hab ich darüber nachgedacht,
was mir das Einkaufen gebracht.

Wie ist nun heute meine Sicht?

Nun ... Einkaufen mag ich noch immer nicht.

# MIT DER DEUTSCHEN SPRACHE TREIBEN

Ich sag's nicht einfach so daher,
die deutsche Sprache ist schon schwer,
jedoch ...
gibt's andere, die sind viel schlimmer noch.

Doch ist es nicht mein Ziel gewesen,
die Sprachen der Chinesen oder
die der Vietnamesen,
in irgendeiner Weise zu verhöhnen,
doch sind's für mich nicht grad die schönen.

Bei der deutschen Sprache will ich bleiben,
als Beispiel nehm ich das Wort „treiben".
So kann ich manche antreiben, was
anzutreiben, ohne zu übertreiben,
... das lassen wir bleiben.

Doch manchmal erfährt ein mancher Leiden,
fügt man ihm Schaden zu,
durchs Dorf getrieben wird nicht die Kuh,
nein, eher das weibliche Schwein,
ich mein die Sau, ist das gemein!

Ich persönlich treib's nicht gern allein.
Was Du wohl denkst? ... Bist aber nicht allein!
Da musst Du schon durchtrieben sein.
Und auch im Cyber braucht man die Treiber.

Selbst bei der Jagd, da gibt es sie,
verzichten kann man auf sie nie,
doch selten wird die Sau durchs Dorf getrieben,
die Schlussfolgerung kommt sofort, nicht bald ...
die Sau, die wird getrieben durch den Wald.

# WAHRHEIT GENAU WIE KUCHEN AUSSUCHEN

Eine Wahrheit, die mich bisher quälte,
bis ich die Entscheidung heute wählte,
diese Zeilen zu verfassen und gleich
niederzuschreiben,
denn ich kann es doch nicht lassen,
... also lass ich's auch nicht bleiben.

Mal ganz ehrlich, für die meisten ist
die Wahrheit zu beschwerlich.
Wollen lieber angelogen werden,
als die Wahrheit zu erfahren,
... Deine Bekehrungen kannste Dir ersparen.
So verbünden sich die Lügen und
marschieren in Herden.

Manchmal kommt es mir so vor,
so wie grad im Café beim Konditor.
Such mir das beste Stück heraus,
... ich mein vom Kuchen.
So kann ich mir auch meine Wahrheit suchen,

die mir am allerliebsten schmeckt.
Glaub nicht, dass auch nur einer der Herde
das grad checkt.

Klar bringt auch mich die Wahrheit
mal zum Fluchen ...
Zum Beispiel jetzt!

... Wo bleibt mein Kuchen?

# ABSCHIED

Die Freude, auf die Welt zu kommen,
wird später uns vom Tod genommen.

So einfach, wie es sich anhört,
so einfach es auch geht.
Sei bitte nicht empört ...
das Leben hat noch keiner überlebt.

Der Schmerz der Angehörigen ist groß,
ich meine den der Trauer.
So ist es mir auch grad passiert,
gleich werd ich noch genauer.

Die liebe Mama meiner Frau, meine geliebte
Schwiegerma,
ist kürzlich erst verstorben ...
Ostern war sie noch da.

Sie hat uns sehr geliebt
und wir sie ebenso.
Am Anfang haben wir gedacht,
wir werden nie wieder froh.

Doch konnten wir noch Abschied nehmen,
uns aussprechen, weinen und lachen,
nicht ein jeder hat das Glück,
all dies auch so zu machen.

Wir sind so dankbar dafür für immer,
der Schmerz wird weniger
... und nicht mehr schlimmer.

Bei allem Leid musst Du verstehen.
Ganz wichtig ist das Abschiednehmen.

# LEHRE ODER LEERE

Bei aller Ehre und nicht Ähre,
was wohl wäre,
... wenn aus den Zeilen jetzt eine Lehre
und nicht Leere
und mehreres vom Gelehrten und Erlernten
sich nun mehren würde
und sich die Lehren so vermehrten.
Ganz ohne Hürde!
Aber in Würde,
... meine lieben sehr Geehrten.

Wenn wir Eignes neu erschaffen und nicht
nachplappern wie Affen.
Wenn wir bereit sind, dies zu raffen
... sind wir Erschaffer und gehören nicht
zu den Schlaffen.
Und haben kein Loch im Kopf wie so Karaffen.

Das eigene Ich wird sonst entgleiten Dir,
lässt Du Dich von der Masse leiten hier.
Vielleicht hast du's vermutet schon ...
leiten lassen sollt sich der Strom.

# WOLLT MAL LÄNGER SCHLAFEN

Nun bin ich doch schon wieder wach.
Weiter im Bett zu liegen und das flach,
nur um nicht aufzustehen, mit Ach und Krach,
macht überhaupt doch keinen Sinn,
so steh ich auf ... ich glaub, ich spinn.

# VERMESSEN

Es wäre doch vermessen
und unter meiner Würde,
wenn ich mich jetzt vermessen würde.
Drum werd ich lieber wie besessen ...
in Würde noch mal schnell nachmessen.

# MUT ZU VERZEIHEN

Die Frage liegt stets auf der Hand,
antwortet Dir Dein Bauch oder der Verstand?
Nun lass Dich kurz nach innen gehen,
um folgende Weisheit zu verstehen.
Egal was war in Deinem Leben,
bestehend aus Nehmen und auch Geben,
all das, was in der Vergangenheit geschah,
ist nicht mehr gültig, denn es war
... und ist nicht mehr.
Und ist vielleicht auch lange her.

Wo ich jetzt bin und Du jetzt bist,
das Ergebnis unserer Entscheidung ist.
Die aus der Vergangenheit,
sind wir für Veränderungen bereit?
Der Verstand braucht stets Berater,
doch der Bauch ist Generator.

Für all die wichtigen Fragen in unserem Leben,
wenn Du ihn fragst, wird er Dir's geben.
Liebe, Gesundheit, Harmonie, Glück oder auch
Unabhängigkeit,
selbst Geld, ... sei zur Verzeihung auch bereit.
Doch zu verzeihen erfordert Mut.
Zuerst bekämpfe Deine Wut,
dann kappe alle schlechten Triebe ...
Was übrig bleibt,
das nennt man Liebe.

(gewidmet meinen lieben Töchtern Nicola und Jana)

# DER EINZIGE, DER DICH VERSTEHT

Wenn Du nicht weißt, wie's weitergeht,
bin ich der Einzige, der Dich versteht.
Denn ich kenn alle Deine Schwächen,
doch überwiegen all Deine Stärken,
nicht jeder wird sie gleich bemerken,
Tatsachen werden oft verdreht
und manche woll'n sich an Dir rächen.

Schon mancher hat Dich unterschätzt
und Dich zunächst einmal verletzt.
Am Anfang hat derjenige niemals gedacht,
was für nen Flächenbrand er hat entfacht.
Und merkt dann später, das war dumm,
dann wird er ruhig, dann bleibt er stumm.

Nicht immer war es leicht in Deinem Leben,
wonach Du fragtest, wurd Dir gegeben.
Es kommt nur auf die Fragen an,
vertreib damit die Plagen dann.

... Bin immer für Dich da!

Dein Mann

# DICHTBLOCKADE

Am liebsten würde ich heute wieder dichten,
doch fällt mir grad nichts ein ... mitnichten,
also lasse ich es besser sein,
das mit dem Reim'n.
Denn würde ich das trotzdem tun ...
würd auch der Reim nicht flüssig sein,
also stopp ich nun.
Schluss und aus.
Ab nach Haus.

# LEIDENSCHAFT

Wir müssen mal was andres machen.
Mit Leidenschaft was Neues schaffen.
Bisher, da schafften wir nur Leiden.
Das lassen wir von nun an bleiben.

Wir strengen uns an, ohne zu leiden.
Und zwar so lang ...

bis andre uns beneiden.

# MACKEN ÜBERWINDEN

Entweder schweigen oder die
richtigen Worte finden,
ist oft der Schlüssel, um Macken zu überwinden.

Die Macken, die ich hier meine,
sind die von mir und sind auch Deine.
Sind die von Kindern, Vater, Mutter
... am Frühstückstisch ... verschmierte Butter,
im Badezimmer ... geht gar nicht,
wird's mir zu bunt,
entwickelt sich ein Scheidungsgrund.
Deckel vergessen zu verschrauben,
jetzt reicht es mir,
ich kann's nicht glauben,
ausgetrocknet ist die Zahnpasta.
Jetzt reicht es mir
... Schluss, aus und basta.

Und all die Dinge, die Du lässt liegen,
meinst Du, dass sie allein nach Hause fliegen?

Es gäb noch reichlich andre Gründe,
würd ich sie suchen, ich sie dann fünde.

Doch darum geht es ja genau,
drum merke Dir, Mann oder Frau:
Es geht hier nicht ums Macken finden,
sondern Barrieren zu überwinden.

Sei tolerant, frag nach dem Glück,
Dein Seelenfrieden kommt zurück.

# Ostsee-Urlaub

Ich betrachte die Wellen,
die sind stärker und groß,
fast so wie Stromschnellen,
nur langsamer bloß.

Nach turbulenter Zeit
war es nun so weit,
an die Ostsee zu fahren.
Weitere Erklärungen können wir uns ersparen.

Wir lassen unsre Seele baumeln.
Lange schlafen, dann aus dem Bette taumeln.
Viel länger bleiben wir liegen als daheim,
also halb sieben, das muss schon sein.

Den treuen Hund schnell pinkeln lassen,
vorbei an ein, zwei Holzterrassen,
der nächste Busch bereits ist seiner ...
keiner geguckt, lass lofen, Kleiner.

Dann wieder rein und Kaffee kochen,
nen bisserl hochlegen ... müde Knochen,
die ich da meine, sind die der Beine.
Aufstehen müsst auch gleich die Kleine.

Die Brötchen kommen gleich frei Haus,
der Vorteil ist, ich brauch nicht raus.
Beim Frühstück lassen wir uns Zeit
und es uns schmecken.
Später dann den Ablauf checken,
wie wir zeitnah die Zeit gestalten,
nur nicht zu viel vom Tag verwalten.

Nur das zu tun, was grad fällt ein,
so muss für uns der Urlaub sein.
Strand und Meer und in Boutiquen shoppen
oder lieber Popcorn poppen?

Bevor wir fahren dann nach Hause,
bei einer Kaffeepause, entscheiden wir uns
bei nem Stück Kuchen,
den nächsten Urlaub rasch zu buchen.
Von nun an wär es doch fatal,
es nicht zu machen zum Ritual.

# Zu den Tschechen fahren

Weil wir nicht zu viel wollen blechen,
fahr'n wir gelegentlich zu den Tschechen.
Kippen und Kaffee kaufen,
danach was essen und was saufen.
Warum soll'n wir denn mehr Geld ausgeben,
lass uns noch lieber einen heben.
Es gibt noch viele Gründe hier,
der Sprit ist günstiger und auch das Bier ...

Manches davon schmeckt sogar mir.
Und vielleicht Dir.
Doch was man noch bedenken muss,
denn die Aktion wär reiner Stuss,
solltest schon nah der Grenze wohnen,
von Rostock aus würd's sich nicht lohnen.

Das sollte klar sein und zwar jedem,
von Rostock näher liegt eher Schweden.
Aber wenn es in Schweden teuer ist,
kann ich nur sagen ...

So'n Mist.

# ALKOHOL

Für Ihr leibliches Wohl ist gesorgt.
Ich hab mir den Spruch mal geborgt.
Gott sei Dank, ich war schon besorgt.
Säß ich sonst auf dem Trocknen dort.

Sex and Drugs and Rock 'n' Roll,
auch den Spruch kennt jeder wohl.
Wo bleibt dann bloß der Alkohol?
Es ist ja nur zu meinem Wohl.
Oder zu Deinem,
zum Wohl nicht nur der Großen,
nee, auch der Kleinen ...
Früh übt sich der, der Meister werden will.
Rumgegröle und Geschreie schrill.

Doch bin ich kein Moralapostel,
denn wenn ich unterwegs im Hostel
... oder im Hotel mal bin,
kommt's mir manchmal in den Sinn ...
mit lieben Kollegen,
einen zu heben oder auch mehr,
das ist halt so beim Stahl-Händ-ler.

Wie ist jetzt die Moral von der Geschicht?
Ehrlich gesagt ... ich weiß es nicht.

# IDIOTEN

Es gibt Dinge, die sind verboten.
Leider gehör'n dazu nicht die Idioten.
Man trifft sie überall ... an jedem Ort.
Bereits als kleine Bestie ... im Hort,
in Deiner Straße, im Nachbarort.
Mal hier, mal da und auch mal dort.
... Ich wünschte sie mir alle fort.

Mein Gott, wie ändre ich das bloß?
Bevor mein Leiden wird zu groß?

Ich glaub, dass die Bedingungen
entstehen aus meinen Schwingungen.

Ich glaub, da ist was dran.
Drum ändre ich meinen Plan.
Ich ändre einfach die Frequenzen,
um das Idiotische abzugrenzen.
Doch hat's für mich auch Konsequenzen.

Denn wenn ich das wirklich tu,
na, dann hab ich meine Ruh.

# LEBEN IN EIGENER BLASE

Manchmal, da kann ich's kaum noch fassen.
Würd gerne wegschaun, es lieber lassen,
warten bis die Gedanken sich verblassen.
Nicht mehr denken, Barrieren senken,
die Blicke auf das Schöne lenken.

Doch die Übermacht der Wesen auf zwei Beinen,
die in ihrer Blase leben,
da könnt man meinen: Alles zu spät!
Aufgegeben die Realität.
Hier fehlt Intelligenz, Weitsichtigkeit,
leider hier in Abwesenheit.

Was mich betrifft, ich krieg's schon hin,
obwohl gelegentlich ich spinn
oder die meiste Zeit nicht ernst sein kann,
ich denke mal, vom Bauch der Plan.

Du kannst Dich ändern oder bleiben, wie Du bist.
Alles im Leben macht Sinn ...

Auch wenn's nur Unsinn ist.

# SCHWERES HERZ

Mein Herz benötigt eine Stütze,
denn grade fühlt sich's an so schwer.
Der Schmerz und Hilferuf eines
geliebten Menschen,
was danach folgte ...

Tränenmeer.

Die Vergangenheit könn'n wir nicht ändern,
doch ändern können wir sehr viel mehr,
was in der Zukunft anders werden wird,
was einst durch Schmerz und Trauer uns serviert,
haben wir endlich nun kapiert.

In der Zukunft liegt nun das Glück,
schau nur nach vorn, nie mehr zurück.

Bin immer für Dich da,
meine geliebte Nicola.

In Liebe!

Dein Papa

# FESTE

Man soll die Feste feiern, wie sie fallen,
doch muss es nicht gefallen allen,
manche könnten ruhig mal ausfallen,
bevor wir uns hier noch anfallen
und die Fäuste ballen ...
uns eine knallen

und hinfallen.

Wer gibt sie eigentlich vor, die Feste?
Wer legt die Zeit vor, wann es ist?
Und welches ist das allerbeste?
Und welches ist nur Mist?

Am besten, Du entscheidest selbst,
was für Dich das richt'ge ist.

# GLÜCKWUNSCHPFLICHT

Ob Du's jetzt glaubst oder auch nicht,
es gibt gar keine Glückwunschpflicht.
Jetzt könnt ich aufhör'n, wenn's mir gefällt,
sodann das kürzeste Gedicht der Welt.

Aber wisst ihr was?
Ich schreib noch weiter, so es mir Spaß
und auch Genugtuung bereitet,
niederzuschreiben, was andere so reitet.

Am Jahresanfang geht es los ...

Gesundes frohes Jahr wollt ich Dir wünschen bloß,
noch kurz zuvor das Jahr erst endete,
mich erst an alle (hoffentlich) wendete,
um einen guten Rutsch zu wünschen,
wollt ich damit was übertünchen?

Viele werden jetzt sagen: Das ist ein Brauch!
Das mag schon sein ... doch ist es auch,
sagt nicht mein Verstand,
nein, sagt mein Bauch.
Für mich, versteht es bitte, es ist ne nervige Unsitte.
Denn Worte sind wie Schall und Rauch.

Meine Liebsten sind in meinem Herzen,
dies ist so warm ... entzündet Kerzen,
wenn ich ganz innig an sie denk,

ist das mein ehrlichstes Glücksgeschenk.

# BESINNLICHE WEIHNACHTEN

Aufgrund der Geburt des Sohnes Gottes
würd ich schnell was reimen ...
nix Langes ... was Flottes.

Die Geschichte von Jesus Christus,
die ein jeder Christ kennen muss.

Was daraus entstand, ist nicht zu verachten,
so ist es auch die Geburtsstunde von
Weihnachten.

Besinnliche Tage sind schön und so wichtig,
doch stellt sich die Frage:
Besinn'n wir uns richtig?
Wenn das so ist, ist das ja okay,
doch manche sind traurig,
denen tut Weihnachten weh.

Du darfst es schon lieben, das besinnliche Fest,
doch mach bitte mal den folgenden Test:

(Für die Antwort, da braucht man Mut ... drum
überleg sie Dir recht gut.)

Angenommen, es würde geben,
zwei liebe Menschen in deinem Leben,
die gerade jetzt zum Fest in selber Not.
Wen davon holst Du in dein Rettungsboot?
Hättest nur Zeit für einen, ohne Dich zu teilen.
Wohin würdest Du eilen?

Wenn nur einer, so wie Du, für Weihnachten ist
und im günstigsten Falle sogar Christ,
im Kreise der Familienfeier,

doch dem andren geht Weihnachten gehörig
auf die Eier.

# Streitigkeiten

Hab auch die Weisheit nicht mit Löffeln gefressen,
was ich nun schreib, kann man nicht messen,
vielleicht gibt's Studien auch darüber,
doch was soll's, liebe Schwestern und Brüder.

Denn wenn Du dieses Gedicht jetzt liest,
Du selbst daraus die Schlüsse ziehst,
was sich für mich daraus erschließt,
ist ... dass Du gerne liest.

Nun lassen wir uns hinleiten
und nicht verweilen in Ewigkeiten,
das Thema ist hier: Streitigkeiten.
Oft sind es doch nur Kleinigkeiten,
die sich dann aber schnell ausbreiten
und Schwierigkeiten sodann bereiten.

Doch was kann man dagegen tun,
um sich nicht immer so zu zoffen?
Wie werden wir immun?
Wir könnten einfach hoffen.

Die Hoffnung stirbt zuletzt,
doch ist es nicht auch menschlich ...?

Dass man sich manchmal fetzt?

# MIT ARBEIT DEN TAG VERSAUEN

Ich seh es an als meine Pflicht,
doch garantieren kann ich es nicht,
dass diese meine Zeilen nun,
Dich jetzt ereilen, was anderes zu tun,
es ist ja auch nur meine Sicht.

Damit wir uns nicht falsch verstehen,
zur Arbeit muss man schon noch gehen
oder die Arbeit kommt zu Dir,
am Ende so das Geld kommt hier,
ein-, zwei-, dreitausend ... oder vier?
Und ...
das in Euro, Dollar ... Pfund.

Natürlich macht Arbeit auch Spaß,
doch mäht der Gärtner gerne Gras?
Der Fensterbauer liebt das Glas,
der Tischler tischlert irgendwas,
meistens aus Holz,
wenn's gut wird, ist er stolz
und das mit Recht,
doch jetzt wird's Zeit für die Pointe ...
Echt!

Ob Du am Schreibtisch sitzt
oder was baust ...

mit Arbeit dir den Tag versaust.

# MÜNDLICHE VERTRÄGE

Was vor Gericht es niemals gäbe,
ja, das wär'n „mündliche Verträge".
Die Frage, die sich mir jetzt stellt,
warum dann bloß auf dieser Welt,
das „Mündliche" so oft gewählt.

Warum wird dies so oft gemacht,
obwohl's am Ende oftmals kracht.
Der Grund ist einfach zu durchschauen,
im Grunde liegt's an dem Vertrauen.

Ich sag's mal deutlich aus meinem Bauch,
so festigen sich Freundschaften auch.
Doch geht das schief, liebe Gemeinde,
dann schafft man sich schnell neue Feinde.
Nun zeigt ein jeder sein Gesicht,
dem Schicksal, dem entgeht es nicht.

Natürlich kann man sich falsch versteh'n,
dann ist's genauso ein Problem,
doch solltest weiß, nicht schwarz jetzt sehn.

Doch hast Du Dich ganz sicher nicht vertan,
dann fehlt dem andren ...

Ehre ... Mann.

Dann kannst auch nichts mehr grade rücken,
verdammt ... sind die

Gedächtnislücken.

# ZIELE

Was denkst Du, sind es eher wenige
oder gar viele,
die definiert hab'n ihre Ziele?
Nicht gemeint sind die wohin's
in Urlaub geht

oder abends auf dem Tisch Rum steht
oder Wein, Sekt oder Bier
oder Fleisch, Fisch oder was auch
immer für'n Tier
oder Gemüse aus der Kombüse.
Was Du Dir ausgesucht hast für heut und jetzt,
ist nicht gemeint mit Zielen, die man setzt.

Gemeint sind die Visionen,
die Dich mit Lebenskraft belohnen.
Wenn Du sie klar auch definierst,
Dein'm Ziel dann näher kommen wirst.

Und wenn Du groß denkst und nicht klein,
schaut Großes bei Dir rein ...

im positiven Sein!

Nur so kannst Dir noch mehr erhoffen.
Dein Ziel wird nochmals übertroffen.

Doch nun zurück zur Ausgangsfrage,
des einen Leid und dessen Plage,

... fehlende Ziele, gar keine Frage!

Oder des anderen kreiertes Glück,
gesetzte Ziele und Visionen,
mit viel Geschick, such selbst die Lösung,

... es wird sich lohnen!

# FREUNDSCHAFTEN

Das was wir im Leben gleich erschafften,
liebe Gemeinde,
was wir von Anbeginn gleich rafften,
dass liebe Freunde viel besser sind als Feinde,
es leben die Freundschaften.

Doch „schafften" ist Vergangenheit,
zur Zukunft sagt man „schaffen",
„geschafft", das ist die Gegenwart,
die grad erst jetzt erschaffen.
Den neuen Freund ich gerne erwart.

Der Freund, den ich geschafft mir habe,
der schafft mir Freude in jeder Lage,
in meiner Not ist er zur Stelle
und das sehr zügig, also ganz schnelle,
steht er bei mir vor meiner Schwelle,
ganz sicher und auf alle Fälle.

Ach, und was die anderen betrifft:

Zeig ihnen die Kelle.

Gelle?

# BEFINDLICHKEITEN

Fast bei jedem Menschen,
ich schätze bei jedem zweiten,
nicht nur bei den ganz Dummen,
nee, auch bei den Gescheiten,
auch bei den Tauben oder Stummen,
gibt es Befindlichkeiten.

Es jedem recht zu machen,
es müßig wird wohl sein,
oft wird es vorher krachen
... Mann, warst du gemein.

Doch gibt es eine Lösung hier?
Fällt dir dazu was ein?
Die Antwort fällt mir gar nicht schwer,
das kannst Du niemals ändern ...

Nein!

# Wat iss'n Wissen?

In all den Jahren
... von Anbeginn hast Du erfahren,
gewisse Dinge, das nennt man Wissen,
hast Du es einmal, willst's nicht mehr missen.
Doch legt sich um Dein'n Hals auch eine
Schlinge,
die Dich oft einengt wie so ne Zwinge.

Woher kommt Wissen, wer legt was fest?
Was issen das, ist das ein Test?

Und überprüf ich überhaupt, was man mir
offenbart?
An Wahrheit wird sehr oft gespart,
man mich oft täuscht derart,
dass sich manch so einer auch schwertat,
alles zu hinterfragen und zu recherchieren,
nicht hinter den Schafen zu marschieren.

Wissen ist Macht!
Doch wenn Du im Ernst jemals gedacht,
das Wissen wird zu Dir gebracht,
jetzt beherrsch ich mich,

... hab nicht gelacht!
Nein, hierfür brauchst Du schon Geduld,

... denn Wissen ist eine Holschuld!

# FLIEGEN KÖNNEN

Des Menschen Traum fliegen zu können,
ist das, was Fliegen sich längst gönnen.

Gelegentlich doch kommt es vor,
dass ein Gesumse in meinem Ohr oder in beiden,
mir aufs Gemüt schlägt ... ich kann's nicht leiden.
Greif nach der Klatsche für Fliegen
und wenn ich treffe, dann ist sie Matsche.

Und bleibt liegen ... und kann auch nicht mehr
nerven,
was sie einst tat beim Fliegen.

Doch kommen wir dann zum Vögelein,
was so schön zwitschern kann
im Fliegen dann ... wie fein.
In der Regel auch viel länger als die Fliege fliegt ...

bis dann der Falke, der viel schneller fliegt,
... den armen kleinen Vogel kriegt.

# DAS SUPPENHUHN

Was kann das Huhn dagegen tun,
damit's nicht nach dem Tod posthum,
gleich in der Suppe landet nun.
Die Schwierigkeit, die folget dann,
posthum es nichts mehr lenken kann.
Im Grunde sich auch schenken kann,
darüber nachzudenken dann.

Doch kann das Huhn vorher was tun,
bevor's fungiert als Suppenhuhn?
Es könnt vielleicht was länger leben,
wenn's täglich würd mehr Eier legen,
denn gute Legehennen sind beliebt
und werd'n recht spät erst ausgesiebt.

Mehrere Eier gleich pro Tag,
steigern den Eierlegertrag
und für den Hühnereierbauer,
es offensichtlich wäre schlauer,
das Huhn erst später schlachten mag.

Und nun ...?
Was hat das Huhn von dieser Weisheit bloß?
Nix, das ist ein schweres Los!

# Von der Schnecke und dem Schleim

Gern wollte ich was reim'n,
erst waren die Gedanken zäh wie Schleim.
Es sollte was mit Tieren sein,
... dann fiel mir da die Schnecke ein.

Die Schnecke kriecht mit wenig Speed,
dabei ne Schleimspur mit sich zieht,
... man kann kaum sehn, dass was geschieht.

Doch Schleimi sieht das gar nicht so,
denn voller Freud, gar richtig froh,
wenn sie ne Pflanze grad erspäht,
so eine leckere zum Fressen,
der schnellste Gang wird eingelegt.
Doch Schnelligkeit kannst hier vergessen.

Wie schnell wär sie, wenn sie könnt fliegen,
hüpfen oder springen, so würd sie siegen,
... doch nichts davon wird ihr gelingen.

Denn sie ist eine Schnecke
und nicht gedacht für solche Zwecke.
Mit sehr viel Schleim auf wenig Strecke,
auf der Geraden und um die Ecke.

Doch warum schleimt die Schnecke bloß?
Wo kommt das ganze Zeug denn her?
Hab nie gesehn nen Be-häl-ter.
Der müsste sein auch wahrlich groß,
bei all der Menge, die sie haut raus.

Jetzt hab ich es,
das Zeug ... muss sein im Schneckenhaus.

# GLÜCK

Frag nach dem großen Glück,
dann kommt's zu Dir,
schau nicht zurück.

Die Gegenwart, sie ist gepaart,
was in der Zukunft Dir geschieht
und wird erspart,
schlussendlich nach sich zieht.

Sei aber weise, sei wach und schlau.
Dem Universum stets vertrau.

# GÄNSEBRATEN

Was ich sehr schätz, mit viel Behagen,
an ganz bestimmten Feiertagen
und nie gern lange will drauf warten,
ist so'n selbst gemachter Gänsebraten.

Mit Äpfeln und Zwiebeln als Hauptzutaten
und sonst nix Grünes aus'm Garten.
Frisches Gemüse, vom Kohl, dem roten
oder vom Rosenkohl, kann man dazu
servieren wohl,
je nach Geschmack ist nichts verboten.

Der Vegetarier, der kann's kaum fassen,
dann soll er doch einfach passen,
ohne den Fleischernährer gleich zu hassen,
denn es ist doch jedem überlassen,
sich zu ernähren, wie er will ...

es riecht grad gut ...

Nun bin ich still!

# Die Biene

Man sagt, die Biene, die ist fleißig.
Von morgens 7 bis 19.30,
vielleicht auch noch'n bisschen mehr,
das zu beurteil'n ist schwer,
es sein denn, Du bist Im-k-e-r!

Hart arbeitet die Biene
und verzieht dabei gar keine Miene
und sie schuftet
... und arbeitet sich krumm,
die Frage ist, warum?
Weil der Honig so gut duftet?
Oder sie einfach ist nur dumm?

Warum ich sage das jetzt nun,
hat mit dem Folgenden zu tun.
Wie's bei den Menschen auch passiert,
dass oft nur einer hier regiert
oder nur eine,
die ich beim Bienenvolk jetzt meine,
das ist die Königin,
das Bienenvolk wird nur traktiert,
auf Honigproduktion trainiert.
Ist das nicht schlimm?

Doch auch die Königin ist nicht so schlau,
ist nur die Vorsitzende vom Bau.
Kann nicht verhindern, was geschieht.
Der Imker, der sich die Honigwaben zieht,

sich freut, den Honig dann verkauft,

die Königin ...

... sich nur die Haare rauft.

# VALENTINSTAG

Bei so manchem Brauch,
nur so gesprochen aus dem Bauch,
da steh ich manchmal auf'm Schlauch.

Mal initiiert nützt er recht vielen,
die mit Parfum oder auch Blumen dealen.

Guter Ertrag = Valentinstag

Ob Valentin oder sonst wer das nun mag,
ist das, was ich mich niemals frag,
dazu ich nur das eine sag:

In unsrer wahren Liebe
beginnt an jedem Morgen
ein neuer Liebestag.
Die Liebe wird dafür sorgen.

# Talent

Wie bei den meisten Dingen,
und zwar die, die Dir gelingen,
dazu brauchst Dich gar nicht zwingen.

Wozu Du immer auch berufen bist,
nicht das Ergebnis ist, welches folgte einer List
oder gar Deiner ...
denn ... das wär Mist.

Das was Du von Herzen liebst in Deinem Leben,
was an Talent Dir wurd gegeben,
musst auf die höchste Stufe heben.

Wenn Du das dann nicht machst, wär's dämlich,
was dann passier'n würde nämlich ...

Du hättest was verkannt,
es wäre weggerannt.
Du hättest es verpennt,
gemeint ... ist Dein Talent.

# ENDSPURT

Das was mal angefangen wurd
und schnell wurd weiter dann gemacht,
endet oft im Endspurt,
... wenn's vorher nicht kracht.

Doch kann's auch krachen ohne den Spurt,
so ist es gegangen dem Freund namens Kurt.

Er ging alles sehr gemächlich an.
Er dachte sich: „Was soll falsch sein daran?
Ich bin doch gescheit, also lass ich mir Zeit."
Nun war er mit seinem Schicksal im Fight.

So kam es dann, wie es kommen wohl musste,
weil er so spät dran war,
die Zeit nicht mehr wusste,
er sich dann verschätzte,
erlitt so Verluste, weil er sich verletzte.

Und die Moral von der Geschicht:

Wenn ein Auto kommt,
geh über die Straße nicht.
Oder ganz schnell,
... das könnte dann helfen.
Gell?

# AUTOMOBIL

Was Du an Zeit ersparst Dir viel,
was auch bescheret Dir mehr Stil,
das Auto, das macht Dich mobil.

Doch wenn Du es lieber magst zu laufen.
Dann brauchst Du Dir kein Auto kaufen.
Kannst überall zu Fuß hingehen,
der Jakobsweg soll sein auch schön.

Damit man mich nicht falsch versteht,
jeder entscheidet, wie weit er geht
oder was er nutzt als Hilfsgerät,
ob weniger oder eher viel?
Am Ende nur die Frage steht:
Wie gut ist die Mobilität?

... Und was ist mit dem Stil?

# FRISCHER FISCH

Sich am frischen Fisch zu laben,
ist recht erhaben.
Für mich gehört er auf'n Tisch,
... der frische Fisch.

Ob Seelachs, Hering oder was sonst so mutt,
Seeteufel, Zander oder Heilbutt.
Doch auch der Butt vom Stein,
schmeckt weich gebraten schon sehr fein.

Natürlich ist ein Fisch gesund, na klar,
durch die Fettsäuren Omega.
Das ist in aller Mund.
Mehr wollt ich gar nicht geben kund.

Halt, noch eins hab ich vergessen,
so wie bei jedem Essen,
es ganz extrem fällt ins Gewicht,
ob Du das Essen magst ...

... sonst iss es nicht!

# ONLINEKAUF

Was sich in heut'ger Zeit vermehrt,
und zwar zuhauf,
zum Beispiel ist der Onlinekauf.
Doch ist hier auch noch nix verkehrt,
solange sich der Nutzen mehrt.
Und sich der Nutzer nicht beschwert.
Oder wer auch immer,
doch für manche wird die Luft echt dünner.

Auch ich mich in der Matrix hier bewege,
das aus Bequemlichkeit oft pflege.
Denn die Medaille hat zwei Seiten,
Kopf oder Zahl Dich zu verleiten.
Ein Preisvergleich, ein kurzer Check
und schnell bestellst dann bei Big Tec.

In 24 Stunden ist er da, der Kram,
das Rausgehen kannst Du Dir ersparn.
Sag nicht, das ist nicht wunderbar.
Kannst kaum erwarten ...
... ne is klar!

Die Vergangenheit hat einen Bart
und jetzt regiert die Gegenwart.
Die Zukunft diese wird beerben

... der Einzelhandel wird dadurch sterben.

# Kinder

Bedingt durch Umstände im Leben,
die unvermeidlich sich ergeben
beziehungsweise sich ergaben,
ging viel verloren,
... ganz ohne Fragen.
Stets nachzulesen
in den Memoiren.

Den Schweinehund musst überwinden,
um so das wahre Glück zu finden.
Setz Prioritäten, hör auf Deinen Bauch,
verbrannte Probleme ...
im sich auflösenden Rauch.

Sich so wieder gefunden, nach langem Erkunden
sich bald heilende Wunden,
sich so wiedervereinigt
und für den Rest des Lebens
... und für die Ewigkeit verbunden.
Und die Seele gereinigt.

# DER HUND

Auf dem Pferd, da kannst Du reiten,
das findet praktisch ein jeder Reiter.
Doch ein Hund wird immer Dich begleiten,
denn er ist der treueste Begleiter.

Da ich nicht reite, brauch ich kein Pferd,
das hätt für mich dann wenig Wert.
Ins Haus passt es auch gar nicht rein,
deswegen lass ich es lieber sein,
darüber länger nachzudenken nun,
da hab ich Besseres zu tun.

Der Hund ist niemals link und hinterfotzig,
schlecht gelaunt und trotzig,
er ist Dir immer treu ergeben,
das bis zum Ende in seinem Leben.

Hab nie nen Menschen so erlebt,
der solch Gepflogenheiten pflegt.

# Partnerschaften

In einer Partnerschaft zu leben,
sind Vorlieben, die Menschen pflegen,
deswegen auch so viele,
in eine solche sich begeben.
Vermutlich sind es deren Ziele.

Doch manche mögen es nicht leiden,
bei einem Partner nur zu bleiben,
wo's noch ne Menge andre gibt
und häufig jemand andren liebt
und ständig Alte ausgesiebt.

Bis man dann eine Krise kriegt.
Und dann erst sehr viel später rafft,
sich wahrlich dann den Partner schafft.
Für die nun wahre Partnerschaft.

# Vom Kochen und Braten

Wenn es lecker hat gerochen,
durchs Braten oder Kochen,
an mehreren Tagen oder Wochen.
Dann würde ich sagen und vermut es,
gekocht wurd hier nur Gutes.

Von guten Köchen in dieser Zeitspanne,
mit reichlich Röstaromen in der Pfanne.

Doch genug vom Schwärmen und Studieren,
Löffel, Gabel ran ... probieren.

Dazu ne leckere Sauce
ist ...
Vorsicht ... So'n Mist ...
Alles auf die Hose!!!

# DIE EHE

Bist Du zur Krönung Deiner Zweisamkeit bereit?
Dann wird's zur Heirat Zeit.

Die Ehe ist, wie soll's anders sein?
Anfangs nicht nur Segen,
sondern auch Sonnenschein.

Auf Wolke 7 jetzt zu schweben,
am besten auch für'n Rest im Leben,
da hab ich nix dagegen.

Bei uns hat sich's bewährt,
ganz ohne Knall,
gut überstanden,
nun ... hätten wir das auch geklärt,
auf jeden Fall,
ist's nicht verkehrt.

Doch bei ganz vielen hält's nicht für immer.

Die Streitigkeiten zunehmend schlimmer.
Was kommen muss, ist nicht so fein,
der Regen folgt auf Sonnenschein.
Wenn nach dem Regen
die Sonne wieder scheint
und man sich glücklich wiedervereint,
ist alles im Lack,
... war nicht so gemeint.

Erklommen dann die nächste Sprosse
auf der Ehenleiter,
Glückwunsch, liebes Paar,
jetzt geht die Ehe weiter,
... wie wunderbar.

Doch kommt und bleibt nach dem Regen
nur Frost und Eis,
ist das wohl kein Segen,

was für ein Schei...!

# Von den Wanzen
# im Ranzen

Ursprünglich findet man die Wanzen
auf den Pflanzen.
Doch wenn sie anfangen zu tanzen
und dadurch Löcher in die Blätter stanzen,
sich dann erhöhn die Chancen,
abzustürzen
... und zwar im Ganzen.

Und so könnten sie gelangen
... in den Ranzen

vom Schulkind Hannes Hansen.

# GEDICHTE ALS HÖRBUCHDOWNLOAD

Eins - Zwei - Drei, Hin und Her
QR-Code abscannen ist nicht schwer!

Schneller als gedacht
bekommst du in voller Pracht

meine Gedichte als Hörbuchdownload
die kannst du dann Hören im
Endlosschleif-Mode

# ÜBER DEN AUTOR

**Jörg Sadrina**
Autor für Gedichtform
jsadrina@web.de

(Möchten Sie Ihre Schreibarbeit in verständlicher
Gedichtform übersetzt haben? In verständlicher,
leicht zu merkender Reimform?)
Wir merken besser mit Gedichten. Lieben Dank
meiner Erdkundelehrerin!

Nebenflüsse der Donau?
„Iller, Lech, Isar, Inn fließen rechts zur Donau hin.
Wörnitz, Altmühl, Naab und Regen kommen ihr
von links entgegen."

Bis heute habe ich dies nicht vergessen.